Más allá de mis recuerdos

Pablo León Hernández

i

ISBN-13:
978-1502828194

ISBN-10:
1502828197

Contenido

Dedicatodia

Dedico estos cuentos sacados desde el fondo de mi alma a todos mis hermanitos y hermanitas. Todos están reflejados en estas palabras y pueden estrujar sus ojos húmedos conmigo recordando y prometiéndonos mutuamente que nos mantendremos siempre unidos como mami siempre quería.

Prólogo

♫♫♫
Más allá de los recuerdos
hay verdades escondidas
que explican en nuestras vidas
los derechos más izquierdos.
Allí formamos acuerdos
 que queremos resolver
y queriendo y sin querer
definimos lo que somos,
los cuándos, dóndes y cómos
y porqués de nuestro ser.
♫♫♫

La lluvia me pone triste.

=====================

Cuando era muy pequeño, tres añitos quizás, mi hermanito mayor, Tito (Ángel León), que no pasaba de cuatro, le pidió permiso a Mami para que nos dejara bañar en el batey con el agua del aguacero. Ella nos dio permiso y el, mi hermanita Eda (Iris León), menor que yo, y yo nos quitamos toda la ropa y corrimos al batey debajo de los truenos, relámpagos y goterones fríos que caían sin piedad sobre nosotros.

Llevábamos un pedazo de jabón azul que nuestra madre usaba para lavar la ropa. Enjabonamos nuestros cuerpecitos blancos como los ñames recién mondados y reíamos la felicidad de la infancia con carcajadas benditas.

Los truenos y los relámpagos no nos daban mucho miedo porque estábamos acostumbrados a las prácticas de tiro de los soldados norteamericanos de la base "Losey Field" (ahora Fort Allen) y disfrutábamos los golpes de las gotas generosas que caían desde las nubes sagradas de la naturaleza. Enjabonamos nuestras cabezas y frotamos nuestro pelo abundante y negro para lograr espumas muy olorosas a los cuentos

1

infantiles que nos hacia nuestro padre, Mingo (Domingo León Morales).

El juego dio un giro inesperado y triste cuando unas burbujas de jabón le cayeron en los ojos a Tito y este comenzó a llorar.

Esta fue la primera vez en mi vida que sentí pena y tristeza. Quería llegar corriendo para ayudarlo, pero me cayó jabón en los ojos y quedé como ciego por el ardor que tenia. Tito corría llorando con los ojos cerrados para encontrar la casa y yo corría buscándolo a él para protegerlo. Es una sensación de solidaridad y altruismo que sentí a tan temprana edad.

Mi hermanita Eda (Iris) no tenía jabón en los ojos y nos pudo tomar de la mano a los dos y llegamos a la casa. Mi madre Rosa María Hernández, que estaba atendiendo a El Negro (Héctor), nos socorrió y nos quitó el jabón de los ojos.

Por eso cada vez que llueve con truenos y relámpagos me acuerdo de aquella situación y siento pena y tristeza por todos los niños que sufren en el mundo. Así me pregunto ¿Dónde estarán en este momento mis hermanitos, Ángel (Tito), Iris (Eda), Héctor (El Negro), Orlando (El Poto),

Domingo (El Cuso), Maribel, Papo, Ricky, Carmen, Daysi, Margara, Leidiana...?

Como quisiera quitarles siempre el jabón de los ojos.

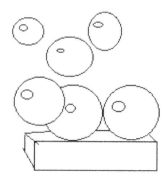

Aromas y frescuras

==============

Se me había espetado una gran espina de aroma en el talón derecho y estaba sentado en la tierra tratando de quitármela cuando llegó Don Flor con su vaca berrenda. Al verme llorando, se acercó y me sacó la espina con un tirón mágico.

Don Flor era un anciano setentón, parecido a Don Quijote, flaco y calvo, con una espiritualidad especial. Siempre caminaba con su vaca berrenda como si fuera una mascota, con una soga vieja enredada, que no se notaba si el amarraba a la vaca o la vaca lo amarraba a él.

Le pidió permiso a mi madre para recoger varias bellotas de aroma (árbol acacia espinoso de nombre Mesquite) para que su vaca comiera. La vaca comió bellotas amarillas de aroma y agua. Al rato ordeña la vaca y me da un poco de su leche. Me maravillé de que las bellotas amarillas con agua se convirtieran en leche blanca y sabrosa.

Se me ocurrió que si yo trituraba bellotas amarillas de aroma y le agregaba agua podría obtener un vaso de leche. Se veía algo sencillo. Lo hice y espere un rato mirando la posible trasmutación, pero nada ocurrió. "Quizás debería esperar un rato más largo...". Deje el experimento escondido en un lugar secreto para esperar hasta el otro día. Esa noche casi no podía dormir esperando que amaneciera para ver mi leche recién nacida. Fue una triste desilusión que se convirtió en lágrimas en mis ojos cuando encontré que nada había cambiado con mi mazacote de agua y aroma.

Mi madre me vio tan triste que me preguntó el porqué de mi tristeza. Se rió con alegría y ternura mientras me cogía al hombro, me besaba y me explicaba el porqué de mi fracaso. "Te faltó la magia...", "la vaca tiene magia muy adentro de su cuero peludo". "Por eso ella puede convertir su alimento en leche y sus desperdicios en estiércol para servir de abona a nuestras plantas del huerto." "Todo en el universo es una red de magias para hacer milagros de vida." "Así todo fue diseñado desde antes de que existiera la luz."

De momento no le creí mucho su explicación por lo que hice varios intentos agregándole hojas de frescura y pétalos de rosas, pero nunca logré producir lecha a partir de esos elementos simples.

Así aprendí a respetar todo alimento como producto de un proceso mágico que nos da la naturaleza en su hermosa intención de reproducir la vida.

Todavía, después de tantos años, hago mezclas de muchos elementos para lograr algunos milagros necesarios y no me olvido de incluir la magia para darle potencia real a mis resultados.

Guiticoto.

========================

Jugábamos juegos de ronda, juegos de mesa y juegos de acción deportiva, pero para mí los juegos más interesantes eran los juegos sociales. Con ellos interactuábamos, socializábamos y homogenizábamos nuestros valores para compartir un hermoso sentido común que nos mantenía unidos y disfrutando de la vida.

Jugábamos guiticoto. Entre todos hacíamos compromiso enlazando en un microsegundo los dedos meñiques de la mano derecha. Eso nos hacia socios del juego. Consistía en un compromiso de compartir. Cuando veías a un amigo con golosinas podías decirle:"Guiticoto" y el compartía contigo lo que estaba comiendo. De igual manera cualquier amigo podía decirte "Guiticoto" y tu compartías con el lo que tuvieras. De esta manera homogenizábamos nuestra propiedad porque llegábamos a la realidad de que todo era de todos.

También jugábamos Hojita Verde. Mediante este juego estabas obligado a llevar una hojita verde en algún lugar de tu ropa para mostrarla cuando te lo requerían. Si no lo hacías tenias un castigo a gusto de quien te sorprendía sin la hojita.

Tumba y déjalo era un juego para darle un golpe en la mano al amigo distraído para hacerle caer sus pertenencias y perder el derecho a su propiedad Eso hacía que te mantuvieras todo el tiempo alerta de tu entorno y protegiendo tus dulces y materiales de la escuela.

Había juegos inventados por los egoístas para aprovecharse de los tontos y había juegos inventados por los altruistas para promover la paz, el amor y la bonita convivencia.

Lo más curioso es tener conciencia de que en todos los juegos usábamos el azar para seleccionar, dirigentes, dueños del juego y diferentes funcionarios dentro del mecanismo social del juego. Usábamos palitos iguales con uno diferente de tal manera que los participantes tenían la libertad de tomar un palito y el que tuviera la suerte de lograr el palito largo era el agraciado en ese juego para tener este o el otro cargo. A veces usábamos cara o cruz con monedas lanzadas al aire. Lo más corriente era cantar una canción mientras tocábamos la cabeza de los participantes en un circulo de ronda como marcando el compas de la canción a medida que cambiábamos de cabeza. Al terminar la canción, el último tocado seria el seleccionado. "♪♪♪ Una vieja fue a la playa a buscar una papaya, la papaya salió podría, malrayo parta la porquería, patín putero saliste a fuero... ♫♫♫."

Para cada juego cantábamos una canción diferente.

En una ocasión alguien sugirió que se seleccionaran los dueños de juegos usando un sistema electoral. Levantarían la mano los que estuvieran de acuerdo y se contarían las manos. La mayoría determinaría la decisión del grupo. Este sistema no funcionó porque la decisión de levantar la mano siempre podía ser comprada, coaccionada, manipulada por los niños más grandes y poderosos y desarrollaba divisiones entre amigos y hermanos.

Volvimos a sistema original de hacer las selecciones de funcionarios de juegos usando el azar. Este sistema no usaba el egoísmo ni el individualismo ni se prestaba para las campañas de simpatía y todos tenían la oportunidad de ser seleccionados en algún momento.

"♫♫♫ A la víbora, víbora de la mar por aquí podrán pasar, los de adelante corren mucho y los de atrás se quedaran. Pase misi, pase misá por la puerta de atrapar. ♫♫♫ ."

Jugábamos Laé, El Marro, La Conga y otros juegos de actividad física y todos se ajustaban a las normas del juego.

La niñez es un laboratorio de convivencia humana. En este campo se reproducen los valores y las manera de organizar la sociedad. Aquí brotan las semillas de las pequeñas guerra y abusos y las semillas esperanzadoras de las nuevas sociedades.

Caña bambúa.

===========

En la colindancia entre nuestra parcela y la de Doña Matilde Yordán había una hermosa plantación de bambú de una variedad delgada y frágil que nosotros le llamábamos caña bambúa. Casi cubría toda la verja y a veces se extendía hasta invadir nuestro patio. Usábamos la caña bambúa para muchas diversiones. El primer uso que le dábamos era quitarle las hojas para imaginarnos que eran caballitos. Le poníamos una brida con tiras de tela y nos subíamos al caballito para correr a través de la parcela con toda la velocidad que fuera posible.

Relinchábamos de manera musical y resoplábamos nuestros labios como si fuéramos actores de teatro trabajando en los papeles de caballitos reales. Pacatas, pacatas, pacatas... y nos dábamos con las manitas en las nalgas para ajorar los caballitos perezosos. Hasta le dábamos agua y les hacíamos comer yerba y melao de caña. Nos esmerábamos en pulir nuestra caña bambúa para que brillara a la luz del sol y llorábamos cuando alguien sin querer o por travesura nos pisaba el caballito y lo aplastaba en algún lugar. A veces casábamos a los caballitos con las yeguas y nacían caballitos nuevos.

Usábamos la guajana de la caña(la flor) para decorar caballos, casitas y bailes misteriosos. Los caballitos se convertían de momento en espigas decorativas o soportes de arcos mágicos para aderezar nuestros juegos.

En ocasiones los caballitos eran pértigas para lanzar a la distancia o vara de un juego de salto a lo alto o material para tejer canastos o herramienta pata bajar mangós. También eran usados como postes de la verja. Y yo siempre estaba buscando otra manera de usar esta caña tan versátil.

En esos tiempos estábamos aprendiendo a silbar y a pitar. Habíamos construidos pitos de charpas de cerveza, ocarinas de caracol y habíamos soplado botellas para sacarles sonido.

Podría ser posible hacer una flauta de caña bambúa. Hice varios intentos, pero nunca lo logré. Todos fueron flautas decorativas que terminaban en otra cosa. Sesenta años después he fabricado flautas de PVC muy afinadas que las uso diariamente para tocar mis canciones recordando aquellos intentos infantiles. Algún día volveré a mi barrio a buscar algunos pedazos de la caña bambúa de mi infancia para hacer las flautas que intenté hacer hace tanto tiempo.

El mar me debe una sirena

======================

La madera de cayul es una madera fofa, parecida al corcho, que se obtiene de raíces gordas de mangle en la playa. Es fácil de tallar su contenido gris con instrumentos rústicos. La usábamos para tallar barquitos de vela. Le poníamos mástiles de espigas de guajana, velas de tela de colores y contrapeso de latón y plomo en el fondo, para que no se virara. Le poníamos un timón que podíamos ajustar a nuestro gusto para darle dirección a nuestro barco. Lo pintábamos con diseños originales y le poníamos nombre. Competíamos en regatas de barquitos de juguete.

A veces le amarrábamos botellas con tapón, que previamente le habíamos dejado dentro algún mensaje en un papelito enrollado dirigido a las sirenas. Los barquitos se esmeraban en navegar mar adentro para llevar los mensajes, pero las olas se encargaban de atacarlos ferozmente para devolverlos a la playa. A veces los barquitos llegaban rotos como testigos de unas fuertes batallas con los monstruos invisibles que custodiaban los reinos marinos donde vivían las sirenas.

Se decía que si lograbas enviar siete mensajes, romperías los encantos de alguna hermosa sirena y ella llegaría a ti para casarse contigo. Por esto cada niño trataba de entorpecer o sabotear los proyectos de otros para que el suyo no se malograra. Después de mucho tiempo encontramos que nadie había logrado su cometido y todos nos habíamos convertidos en enemigos unos de otros.

Negociamos el asunto y llegamos a unos acuerdos. Todos trabajaríamos para que uno lograra su proyecto y luego todos trabajaríamos unidos para ayudar a otros y así sucesivamente hasta que todos quedaran satisfechos. Acordamos hacer un sorteo para asignar el orden en que se desarrollarían los eventos.

Tuve la suerte de ser el primero. Todos se esmeraron en ayudarme a construir y decorar mi barquito. Escribí un poema de amor en un papel, lo enrollé y lo introduje en la botella. Muy temprano en la mañana llegamos todos entusiasmados para tirar el barquito. Sorteamos varios nombres para el barquito y lo bautizamos "Belinda". Por casualidad ese era el nombre de la chalana ganadora en casi todas las regatas que se llevaban a cabo durante los carnavales del Rincón Criollo.

Como era muy temprano la playa estaba como un plato, no tenia marullos, y creíamos que seria fácil enviar el barquito. No contamos con que no había mucho viento y, por más que soplábamos, no lográbamos que el barquito emprendiera su viaje.

Después de que todos trabajamos, gritamos, chujiamos y encontramos la hora apropiada de balance entre calma y viento, ajustamos el timón y las velas, y logramos que el barquito se perdiera en el horizonte. Tardamos un tiempo batalloso y desesperante hasta que logramos los siete éxitos.

El problema fue que nos quedamos esperando que llegara la sirena prometida por la leyenda. Esta nunca llegó y el juego fue perdiendo interés porque era mucho trabajo y no se veían los resultados.

Todavía cuando voy a la playa me quedo mirando al horizonte con mucha nostalgia. El mar me debe una sirena.

La carbonera.

================

La cocina de mi madre tenía una estufa de kerosén de dos hornillas, un fogón de tres piedras y un anafre de latón de manteca. Muchas veces fuimos a la tienda de Don José Reyes para comprar medio galón de gas kerosén con un galón de cristal. Muchas veces fuimos al bosque de El mocal a buscar leña. Pero lo que más me gustaba era el hermoso ritual de producir carbón vegetal.

Algunas veces al año mi padre aparecía con varios troncos y ramas de árboles de aroma (mesquite) mezclados con otras variedades de arboles, y los iba apilando en el centro de nuestro patio. Cuando tenia suficientes troncos los iba acomodando. Hacia un cuadrado en el centro con ramas finas y apilaba los troncos cuidadosamente como formando una pirámide circular como un cono invertido con la punta para arriba. En el centro dejaba un hueco por donde le echaba papeles y leña seca muy finita.

Tapaba toda la pared de troncos con yerba verde y cubría toda la estructura con tierra húmeda. Todo parecía un gran volcán artificial cuando le echaba un poco de gas kerosén y lo prendía con un fósforo. El fogatón de llama parecía la lava y el humo parecía la ceniza del volcán. Nunca comprendí porqué le llamaban hoguera. Quizás era por la gran cantidad de humo que casi nos ahogaba o porque todos decíamos de vez en cuando, en nuestra actitud pericial, "no podemos dejar que se nos ahogue".

Cuando estábamos seguros de que los troncaos estaban encendidos y estaban formando tizones, se le ponía una tapa de metal en la boca, se cubría con yerba y tierra y se dejaba quieta hasta que se cocinara completamente.

Esa noche nos acostábamos a dormir más tarde que de costumbre velando la carbonera. Nuestro padre y sus ayudantes tomaban un poco de ron de caña y nosotros jugábamos y cantábamos con alegría.

En la madrugada nos despertábamos con las voces de los carboneros que a veces cantaban aguinaldos y decimas. Corríamos a ver la carbonera desoyendo los regaños de nuestra madre que nos exigía tomar café prieto antes de tirarnos abajo. Cuando llegábamos ya estaba la carbonera desparramada en el patio despotricando humos olorosos en carbones encendidos, grises y rojos. Le echábamos agua para apagarlos antes de que se consumieran y cuando estaban fríos los guardábamos en sacos y lonas. Cada cual separaba su parte en el producto de la carbonera y la mañana comenzaba a calentar con el sol procero que se deleitaba en quemar las espaldas desnudas.

Los ayudantes no se iban hasta que se terminara el ron de las botellas y luego se iban felices caminando por la calle, dando tumbos, como si estuvieran borrachos.

Inventos de Chilito.

======================

Con latitas de jamón picao hacíamos ruedas para carritos. Con un palo grueso de caña bambúa y un pedazo de madera que sevíia de eje, le poníamos dos rueditas que lo rematábamos con charpas de cerveza como tapa bocina (tapas para aros de neumáticos). Hacíamos un guía con una tapa de lata de galletas y le poníamos dos cabuyas amarradas al eje de las ruedas para dar las curvas. Le poníamos guardalodos con latas de salsa de tomate y le poníamos bocina usando un clavo insertado en el centro de una lata, éste estaba sujetado a una tira de goma que lo hacía retroceder cuando se halaba con un cordón desde la parte del frente. El clavo rozaba en la lata y sonaba como una chicharra.

Con la boca hacíamos el ruido del carro y aunque teníamos bocina de clavo en tala, también sonábamos "♫♫♫PIP ♫ PIP ♫ PIP ♫♫♫ "con la boca para asegurarnos de que todos se dieran cuenta de que teníamos carro.

Decorábamos el carro con flores de caña (guajana) como si fueran rabos de zorra. Estábamos muy orgullosos de nuestros carritos.

Un día fuimos con nuestros carritos a la Hacienda Potala para comprar algunas cosas en la Tienda La Americana. Pasamos cerca de la cuadra de caballos y disfrutamos el fuerte olor a excremento de caballo mezclado con el rico olor a melao de caña. Nos ofrecieron un poco de melao para comer y luego, al sentirnos empalagados, pedimos agua. Nos llevaron a la casa de Chilito para tomar agua. Chilito era un niño un poco más grande que nosotros que tenía una hermosa colección de juguetes fabricados por él con latas y maderas. Era algo nunca visto por nosotros. El tenía tanta habilidad e inventiva que sorprendía a cualquiera. Tenía troces fabricados a escala con tanto detalle que parecían reales.

Había reproducido en juguetes a todas las máquinas de la Hacienda, tractores, carretones, troces, grúas... con una perfección asombrosa. También tenía un avión gigante con hélices que se movían con el viento. Sus grúas se movían con hilos genialmente conectados con maniguetas y palancas que se movían como si fueran reales.

Definitivamente este niño se convertiría en el futuro en un gran ingeniero. para desarrollar toda su creatividad e inventiva.

Quedamos tan impactados que corrimos a nuestra casa para comenzar a imitarlo. De ahí en adelante hicimos algunos inventos, no tan buenos como los de Chilito, pero muy parecidos, siguiendo las ideas de usar alambres, latas y cabuyas.

Nosotros, que creíamos que éramos los más excelentes inventores, encontramos a alguien que era mucho mejor que nosotros. Así nos abrimos a la actitud de que no todo está inventado y de que siempre habrá mejores maneras de hacer las cosas.

Nuestro tesoro.

==================

En nuestra parcela casi no llovía, pero cuando llovía se inundaba como un lago de cuentos. El agua nos llegaba a las rodillas y caminábamos descalzos como en un estanque recién llegado. Hacíamos barquitos de papel para hacer regatas en aguas estancadas que esperaban por el mucho sol para ser evaporadas.

Para nosotros era una fiesta de fantasía vivir dentro de un lago y deseábamos que todo se quedara así para siempre. Al otro día el agua había bajado un poco y ya no era tan bonito lapachar en el fango y quedarnos encerrados en la casa sin poder jugar en el patio.

Con los días el agua iba desapareciendo después de ponerse verde de limos por partes y atraer insectos y gusarapos.

No sabía que eso podría traer enfermedades y reflejaba la injusticia social donde unos muchos vivían en condiciones inhumanas y unos pocos disfrutaban ambientes de riquezas.

Nuestra casa era de madera en muchos socos asentados en la tierra, no tenía balcón ni escalera, las ventanas eran de madera en dos hojas igual que las puertas. Después que nació El Negro le construyeron un colgadizo al lado para logras dos cuartos (habitaciones) y una cocina.

La casa estaba sin pintar. Las tablas estaban viejas y en algunos lugares se podían ver los rastros de pinturas desgastadas significando que en una ocasión fue pintada y el tiempo se había encargado de hacer su trabajo.

El techo era de zinc acanalado, ya lleno de moho por la corrosión del tiempo y el viento salitroso del mar. El zinc tenía algunos parchos rojos de pinturas tímidas que nos recordaban mejores tiempos del pasado. Cuando llovía el agua corría por los canales del zinc produciendo hermosos chorros que caían a la tierra y hacían hoyitos en línea

Nos gustaba meternos debajo de la casa para jugar y descubrir tesoros imaginarios. Después de que el agua estancada se evaporaba, debajo de la casa, quedaba un polvo blanco, salado y húmedo incrustado en la tierra que le llamábamos salitre.

Las gallinas protestaban de nuestra presencia cacareando y defendiendo sus pollitos y marcando su territorio con sus excrementos y marcas de patas de gallos.

Salíamos de debajo de la casa como si llegáramos de un largo viaje haciéndole cuentos exagerados a nuestra madre sobre los duendes, fantasmas y tesoros que habíamos encontrado.

Muy cerca de la muerte.

==================

En una ocasión me perdí y me sentí cerca de la muerte. Mi familia me estaba buscando y yo había caído en un hueco cilíndrico de cemento de los que se usaban como registro de los canales de riego. Eran como pozos de pase por donde pasaban las aguas subterráneas de los canales de riego. Estos pozos tenían una tapa redonda de cemento con unas agarraderas en metal para destaparlos. Algunos estaban descubiertos y no se podían ver por culpa de las yerbas que crecían generosamente.

En el camino de la escuelita a mi casa por el pasto de Serrano había muchas palmas de dátiles, arboles de almendras y frutas parecidas a melones que le decíamos pitajaya. Había unos árboles que le llamaban aguacero que tenían unas bellotas grandes que sonaban al ser agitadas por el viento y parecía que estaba lloviendo. A las horas de la tarde, después del almuerzo, con ese sonido artificial de la lluvia imaginaria, nos daba mucho sueño y ganas de volar con la imaginación. Al salir de la escuela me entretuve un poco disfrutando del ambiente y me quede rezagado. Nadie se dio cuenta de que me había caído en un hoyo profundo muy difícil de salir. El hoyo estaba seco, pero yo presentía que pronto saldría agua por los inmensos tubos que interconectaban con el sistema de bombeo de agua.

Trataba de salir y no podía y gritaba por ayuda, pero las personas que pasaban por el camino, y yo escuchaba a lo lejos, no se percataban de mi situación. Pasó mucho tiempo y estaba oscureciendo y sentí miedo de quedarme allí para siempre agarrado a la muerte. Estaba muy cansado y cada vez se me hacia mas difícil impulsarme pegando mi espalda a la pared, con mis pies en la pared del frente y mis manos a los lados en un hueco cilíndrico. El sudor y el calor hacia todo más deprimente.

Un señor llamado Don Ventura, que estaba recogiendo las cabras, pasó cerca y pudo escucharme. Me tiró una soga con la que amarraba las cabras y pude salir.

Cuando llegue a la casa mi madre me dio una pela con la chancleta mientras lloraba conmigo de desesperación y me besaba y acariciaba mi cabeza a la vez en una mezcla de rabietas y alegría.

Mi chiringa está en el cielo.

=====================

Mi chiringa volaba y mis lágrimas corrían por mis sucias mejillas. Había pasado tanto trabajo para terminar esa chiringa que no podía permitir que un bribón me la rompiera o me la echara a perder en las nubes.

Para hacerla había ido con Tito a buscar las hojas de palma a la playa y había seleccionado las mejores varillas que se pueden lograr de una hoja seca de palma. Ya lo tenía todo bien planeado en mi cabeza. Ya había escogido los papeles de colores, el hilo fuertemente blanco y la harina de trigo que serviría de pegamento en mi labor artesanal de construir mi chiringa.

Preparé un armazón con las varillas de palma. Eran tres varillas entrecruzadas con un gran nudo en el centro de tal manera que albergaría mi papel hexagonal. Con parchos de papel embarrados con engrudo pude sostener las varillas preparando una hermosa chiringa roja, azul y blanca como nuestra bandera.

Algunos vecinos habían llegado con volantines, que eran chiringas gigantes construidas con papeles de revistas gringas y toros, que eran chiringas en forma de insectos con unos papelitos que vibraban al batir del viento y sonaban como cigarrones. También tenían chiringas pequeñas hechas de papel solamente, sin contrafuerte de varillas, parecidas a origami.

Todos tratábamos de volar nuestras chiringas en nuestro patio porque era el patio que tenía más cielo abierto en todo el vecindario. Pero con todas las chiringas vinieron las malas costumbres y los sentimientos malsanos de algunos niños que, a tan corta edad, ya estaban aprendiendo a hacerle daño a los otros.

El viento soplaba y las chiringas estaban alegres. Algunas quedaban serenitas en el cielo, como si hubieran encontrado su lugar reservado y otras estaban cabeceando salvajes de un lugar para otro enredando los hilos y haciendo caer a las chiringas más ingenuas.

"A esa chiringa le falta rabo." Gritaban al ver que una chiringa se ladeaba o cabeceaba mucho. La bajaban y le ponían otra extensión de rabo amarrando varios pedazos de tira de tela al rabo ya existente. Noté que algunos niños le amarraban algunas navajitas en las colas de las chiringas con

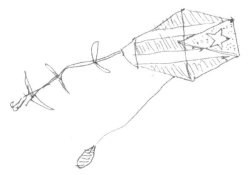

la mala intención de cortar el hilo de las chiringas vecinas. Lo hacían solamente por el placer de ver sufrir a los que se quedaban con su hilo en las manos y veían como el viento desaparecía las chiringas en el infinito. Al momento se podía escuchar una mescla de llantos y risas. Desgracias para los que lloraban por perder sus chiringas y desgracias para los que reían porque perdían la dignidad ante todos los vecinos.

Un niño mayor que yo, que le llamaban "El mulo", intentó cortarme el hilo con sus navajas en el rabo y yo rápidamente sujeté mi chiringo en un arbusto y me enredé con él hasta que rodamos por el suelo. Nos dimos varios puños y los demás niños se metieron a defenderme y le dieron una terrible paliza al bandido. Cuando los débiles de unen siempre tienen más fuerza que los fuertes.

"El mulo" con cara de elefante se tuvo que ir con su gran volantín gringo y mi chiringa quedó en el cielo majestuosa, desplegando mi hermosa bandera boricua.

La cocina.

===============

"Hola Don Turpén, deme tres centavos de hielo por favor". Tres centavos de hielo era mucho hielo. Don Turpén usaba un picahielos, un punzón, le daba unos golpecitos a su enorme bloque de hielo y nos separaba un cubo de hielo como de seis por seis por doce pulgadas. Ya Tito tenía un pedazo de saco preparado para llevar el hielo al hombro hasta la casa.

Cuando llegaba el hielo nuestra madera lo colocaba en una caja de madera donde le arrimaba varias botellas de agua para que se enfriaran. En nuestra casa nunca hubo refrigerador, no había alimento que congelar ni preservar en frio. Cuando llegaba pescado mi madre lo limpiaba, lo salaba y lo tendía en un cordel bajo el sol caliente hasta que quedaba tostado. Luego lo freía en diferentes maneras y recetas. La carne de pollo la consumíamos recién matada y la que sobraba la ponía al humo en el fogón hasta el otros día.

Comíamos bacalao, carne de bruja, arenques ahumadas, jamón, mortadela y otros alimentos que no requerían refrigeración. Tomábamos leche recién ordeñada y café preparado en colador. Se reciclaban las borras de café que se enriquecía con café, tostado en casa y molido en pilón, alterado en parte por semillas de hedionda.

Consumíamos mucho arroz con habichuelas guisadas como todo puertorriqueño, pero consumíamos domplines con habichuelas, funche de maíz con caldo de pescado, tortas de maíz, marifinga, marota, mundo nuevo, sorullos de maíz, guanimos, viandas, sopas y sopones.

El arroz blanco se hacía en el fogón de tres piedras con una olla de hierro grande. Se le echaba un poco de manteca de cerdo y un poco de tocino para sofreírlo con el arroz, se le echaba el agua que se sazonaba con sal, se movía con un cucharon cuando se secaba para luego dejarlo en fuego lento hasta que quedaba suelto o amogollado dependiendo de la cantidad de agua suministrada al principio.

Las habichuelas se ponían a ablandar al fuego del carbón en el anafre con agua y sal. Luego se guisaban preparando previamente un sofrito con ajo, cebolla, pimiento, albahaca, culantro, chincha que se saltaba y se le agregaba salsa de tomate, salchichón, jamón y patitas de cerdo picadas en trozos pequeños. A veces se le agregaba un

poquitín de azúcar para darle el toque celestial de nuestras abuelas.

Eran muchos eventos los que ocurrían diariamente en esa cocina. Era el piso más transitado, los olores más olidos, los sabores más probados, los suspiros más perdidos y los alimentos más sabrosos

Al Negro y a Poto les gustaba comerse el hielo y nosotros siempre los estábamos velando porque si los dejábamos, se lo comían y nos dejaban sin agua fría. Como quiera, si ellos no se lo comían, en la tarde quedaría solamente una javita de hielo como efecto del calor y del deber cumplido.

Bolitas de corote.

==================

Nunca pude comprender porqué en algunos lugares le llaman canicas a las bolas de corote. Mi madre me había contado que Corote era un duende travieso que le gustaba atrapar mariposas de colores. Un día el Rey de los duendes lo castigó y lo envió a otro reino para que se arrepintiera. El obedeció, pero antes hizo un hechizo para que las mariposas de colores quedaran atrapadas en burbujas de jabón que se cristalizarían al ser vistas por los niños. Así nacieron las bolitas de corote, que son bolitas de cristal transparentes con mariposas de colores en el centro. Ella nos enseñó a jugar bolitihoyo, cuarta y cholín y la olla. Todos teníamos nuestras bolas de corote en nuestras medias. Atesorábamos nuestros piques (bolita de color entero para tirar) de diferentes colores y sabíamos tirar las bolitas con bombiete y precisión. También teníamos algunos bolones (bolitas más grandes) que habíamos ganado en torneos vecinales.

Teníamos que estar pendientes y tener cuidado con los chicos malos que acostumbraban a hacer garua para quitarles las bolitas a los niños indefensos y pacíficos. También teníamos que tener cuidado de nuestro deseo malsano de acaparar bolitas con el placer de tener más bolitas que nadie. Eso significaría que no sabíamos compartir y estábamos dispuestos a lo que fuera por la vanidad de tener mucho. Por eso nuestras medias eran pequeñas. Una vez estábamos iniciando un huego de bolitihoyo. Ya habíamos hecho el hoyito en la tierra y habíamos dibujado el cuadrado de grilla alrededor de hoyo cuando llegó corriendo un tal "Pancho el de Pepa" para hacernos una garua. Logró agarrar mi media de bolitas y salió corriendo. Nos le fuimos detrás corriendo, pero él era mucho más rápido que nosotros y se nos perdió de vista. En nuestra desesperación y rabia habíamos dejado las otras medias en el piso. Nos acordamos y regresamos corriendo, no fuera a ser que llegara otro bribón y nos llevara las bolitas que nos quedaban.

Nos preguntábamos ¿Cómo era posible que exista gente de mal corazón que podía ser como los europeos y los gringos contra los boricuas, y apropiarse de nuestras cosas en un saqueo que solo era posible por el uso de la fuerza y la habilidad para robar?

Le llevamos la queja a nuestra madre y ella nos reunió en el patio para explicarnos y planificar las estrategias para recuperar el material robado. Primero nos pidió que jugáramos para mirarnos jugar. Cada cual puso tres bolitas en el hoyo. Ya esas bolitas no nos pertenecían sino que eran parte del fondo común. La idea era tratar de sacar las bolitas dándole con nuestro pique hasta que salieran del cuadrado de grilla. Las que lograras sacar serian tuyas.

Para jugar la olla dibujábamos un círculo con una línea marcando el diámetro y en la línea se ponían las bolitas a ser puesta en juego. Había que sacarlas del círculo, pero iniciando la primera tirada desde una raya lejos del circulo. Luego tirábamos desde donde había caído la bola. Si le dabas al pique contrario este tenía que comenzar desde la raya lejana.

Yo creía que ella nos diría que nos uniéramos todos para darle una catimba al Pancho ese y así quitarle las bolas en un ataque por sorpresa. Ella nos dijo: "Si usan la fuerza le estarán dando la lección de que únicamente con la fuerza se pueden obtener resultados". "Mejor únanse todos para no jugar con él, no colaborar con él y que todos se enteren de que él ha actuado como un ladrón, que no merece ni que le hablen.""El sentirá bochorno por ser rechazado por todos y se arrepentirá de lo que hizo."

Así lo hicimos. Fuimos contándole a todo lo que había ocurrido y explicándole cual era el plan. Cuando él se dio cuenta de que nadie jugaba con él, no le hablaban ni lo miraban, pensó que no le haría falta el reconocimiento de los demás, pero algo dentro de él le fue mostrando que era terrible ser rechazado por sus acciones.

Al otro día Pancho el de Pepa pidió perdón y me entrego las bolitas en mi media y con unas bolitas extras.

Infancia de cristal

==================

Durante mi infancia viví en el Pastillo, sector Singapur, del Barrio Capitanejo de Juana Díaz. Como siempre estábamos jugando sin zapatos en las calles, a menudo nos cortábamos con los muchos vidrios que había en todas partes. Los mayores tomaban mucha cerveza y ron y tiraban las botellas en el camino. El camino tenia tanto vidrio que era muy alta la probabilidad de sufrir una herida en nuestros talones infantiles. La comunidad estaba muy bien organizada porque todos sembraban en los huertos de las parcelas y compartían la cosecha como en un sistema de trueque amoroso. Pero no estaban tan bien organizados como para mantener las calles limpias de vidrios.

Una tarde pasó una guagua con un altoparlante anunciando que comprarían los vidrios. Pagarían a veinticinco centavos los entregados en lata de galletas, cincuenta centavos el latón de manteca y a dólar el drón de vidrios. Era mucho dinero en esa época. Parece que usarían los vidrios como materia prima para una fábrica de botellas.

Toda la comunidad se movilizó rápidamente para acaparar los vidrios en los diferentes recipientes. Las calles quedaron libres de vidrios. En algún rincón de cada parcela había un tesoro de vidrios organizados por orden de tamaños y colores en los diferentes recipientes que habían sido decorados con diferentes símbolos como expresión de propiedad privada. Hubo rivalidades, peleas, robos, intrigas y batallas.

Pero pasaban los días y no llegaba el vehículo con los compradores del preciado vidrio. Los niños hacíamos alarde ante nuestros amigos sobre el tamaño de nuestros cargamentos y la manera artística en que estaban dispuestos. Algunos comenzaron a intercambiar lechugas, berenjenas y toda clase de productos por vidrios porque los vidrios ya eran reconocidos como un valor de cambio. Comenzó la especulación entre vidrios y dólares de manera que era una locura financiera entre borrachos, jugadores y soñadores de riquezas.

"♫¡Cambio las chinas por las botellas! ♫", era un hermoso pregón de los que dedicaban a intercambiar su cosecha por los mágicos vidrios tan apetecidos y recorrían las calles sin pavimentar, con unos carretones de madera como unas carretillas de dos o tres ruedas de goma. Pero pasaban los días y no llegaba el vehículo con los compradores del preciado vidrio. Las amistades y las relaciones de buena voluntad sufrieron un crudo deterioro por causa de los vidrios.

Algunas plenas cantaban eventos y sucesos

relacionados a conflictos por los vidrios y muchos jóvenes hacían alarde de sus vidrios para enamorar a las muchachas del barrio. ♫Nadie tiene más vidrios que yo♫

♫Nadie tiene más vidrios que yo♫

♫Nadie tiene más vidrios que yo♫

♫Los tengo en casa guardados♫

Los valores de ayuda mutua y trabajo compartido se fueron enredando como una madeja de malas intenciones, aprensiones y conflictos comerciales. Pero pasaban los días y no llegaba el vehículo con los compradores del preciado vidrio. ♫Ocho latas de galleta♫

♫tres latones bien hinchados ♫

♫Nadie tiene más vidrios que yo♫

♫Los tengo en casa guardados♫

El barrio cambió tanto... ya no había niños heridos con su juegos en las calles, pues las calles estañan libres de vidrios. Los juegos ya no eran los mismos porque los amigos nos convertimos en enemigos y todos nos quedábamos en las casas velando nuestras riquezas de vidrios de un posible robo de los ladrones del vecindario. Pero pasaban los días y no llegaba el vehículo con los compradores del preciado vidrio.

Han pasado más de cincuenta años desde ese evento en mi comunidad. Hace poco visité la comunidad y encontré que todavía en algunas parcelas, debajo de algunas casa, aun quedan algunas latas de galletas, latones de manteca o drones llenos de vidrios de colores esperando por los compradores de vidrios que pasen a recoger los tesoros de cristal que arruinaron toda nuestra infancia y el amor al prójimo organizado en la red agrícola de buena voluntad de nuestros padres.

El Cuso.

============

No me acuerdo del evento del nacimiento de Tito (1945) porque yo nací después. Cuando yo nací (1947) todavía no sabía qué era eso de nacer. Cuando nació Eda (1949) yo estaba muy pequeño y mi primer recuerdo de ella es verla venir con nuestro padre montada en un caballo y llegar a la casa. Parece que estaba en un paseo matutino infantil donde mi padre mostraba muy orgulloso a su hermosa nena a los vecinos del Cáucaso, un sector en los terrenos de la Hacienda Potala de Juana Díaz.

Cuando nació El Negro (1951) ya vivíamos en el sector El Cruce del sector Singapur del barrio Capitanejo de Juana Díaz. A mis cuatro añitos ya yo entendía que había nacido un nuevo hermanito. Así mismo pasó cuando nació El Poto (1952), pero con una percepción más aguda. Lo disfrutamos, lo cantamos, lo jugamos y tuvimos la oportunidad de tomarlo en brazos uno a uno como un ritual de bienvenida.

Después de El Poto llegó una nena que murió antes de nacer.

Luego nació El Cuso (1956) (Domingo León Hernández).

Más tarde otra nena que murió antes de nacer.

Ninguno de nosotros nació en un hospital, nacimos en nuestra casa con la ayuda de una comadrona. Nuestra madre nos amamantó y nos atendió con pañales de tela, sin pediatras ni actitudes anti higiénicas. Caminamos descalzos, jugábamos con tierra, sufrimos espinas y cortaduras en nuestros talones, raspaduras en nuestras canillas, tajos en nuestras rodillas. Sufrimos de parásitos, hongos y nuestros sistemas inmunológicos se dieron gusto creando anticuerpos y protegiendo nuestros organismos.

El cuso no había cumplido sus tres añitos cuando murió nuestra madre. Los hermanos nos hicimos cargo de él. Un día Tito lo encontró enfermo y tuvo la iniciativa de niño de tomar un carro público y llevarlo al hospital. Los médicos dijeron que si hubiera tardado un momento más, se hubiera muerto. Dicen que le dio polio.

Aunque nunca nos enteramos de donde estaba la tumba de nuestra madre para llevarle flores, su recuerdo nos mantiene siempre unidos. El Cuso dice que no tiene recuerdos de ella, solamente tiene un cuadro pintado de una hermosa mujer que a veces se le parece a él, otras veces a Orlando (Poto), otras veces a Héctor (El Negro), otras veces a Iris (Eda), otras veces a mí y otras veces a Ángel (Tito). Le gusta mucho que le hablen de ella y espera algún día encontrarse con ella en el más allá para sentarse en su regazo y disfrutar de sus cuentos, caricias y sueños sobre la patria libre.

Dajaos y mosquiteros.

========================

Algunos días en la tarde íbamos a bañarnos a la poza. Era un lugar especial, como un pequeño lago donde terminaban las aguas de los canales de riego para descargar en el mar. Era cerca de la playa y para llegar había que caminar un largo trecho a través de un pasto llano y forrado de yerbas alegres.

La poza tenía una pilastra rectangular de cemento que recogía un tubo horizontal de cemento como de tres pies de diámetro. El agua era limpia y cristalina y albergaba una variedad de peces blancos, cilíndricos que siempre aparecían en grupitos de tres a quince. Se escondían dentro del tubo y salían tímidamente cuando notaban que no existía peligro. Le llamábamos dajaos.

Llegábamos con nuestras toallas y jabones cantando canciones diferentes de acuerdo a los gustos de las memorias. No usábamos zapatos y solamente teníamos un pantaloncito corto sin camisa. Nos quitábamos la ropa y nos metíamos al agua que no nos pasaba de la cintura. En la boca del tubo, en el fondo, había un hueco cuadrado construido en cemento, con una profundidad un poco mayor, pero que, cuando nos metíamos, el agua nunca nos llegaba a la cabeza.

Nos gustaba mucho mirar las nubes blancas y el cielo azul reflejadas en el agua como un espejo misterioso que rompía las nubes cuando metíamos las manos.

En la pilastra de cemento había recuerdos de colores de jabones antiguos que con el tiempo los usuarios habían dejado incrustados en las paredes. A veces no llevábamos jabones y restregábamos nuestras manitas en los recuerdos de jabón para producir las lavazas con que nos embadurnábamos.

Hacíamos burbujas de jabón que perseguíamos para explotarlas con la dificultad de movernos en el agua. Nos caíamos muchas veces y marcábamos los eventos con risotadas que se podían escuchar a lo lejos.

El fuerte viento de la playa tan cercana nos enfriaba el cuerpo y el alma. Cantábamos canciones incoherentes para espantar el frio y burlábamos los ritmos para que el tiempo pasara más rápido y poder abrazarnos a las toallas para secar nuestros cuerpecitos violetas de frio.

Muchas veces intentábamos pescar dajaos, pero con muy poca suerte.

Tratábamos con anzuelos de alfileres doblados y probábamos muchas diferentes carnadas. También tratábamos de atraparlos con las manos cuando los veíamos como si estuvieran durmiendo, pero ellos reaccionaban muy rápido y nos dejaban con los deseos encendidos. Tratábamos de hipnotizarlos de alguna manera para que se dejaran atrapar, pero sin mucho resultado.

En una ocasión Tito construyó un naso con una tela de un mosquitero de nuestra madre. Es una tela de diminutos huecos que dejan pasar la vista pero no dejan pasar los mosquitos. Se usaban en las camas para mantener a los mosquitos alejados de nuestros cuerpos.

Todo fue una gran aventura. Nos organizamos bien y mientras uno colocaba el naso, el otro asustaba a los peces para que nadaran despavoridos directo hacia el naso. Así logramos atrapar algunos dajaos y Tito atrapó un tremendo regaño enchancletado de nuestra madre que furiosamente preguntaba por quien le había malogrado el mosquitero. Así terminaron nuestras ilusiones de pescar dajaos en la poza.

Cosas de escritores

================

Aprendí a leer y escribir mucho antes de ir a la escuela. Nuestro padre nos enseñaba a cocotazos. (Coscorrones o golpe de nudillo en la cabeza). Nos daba un cocotazo y decía: "esta es la A. ¿Qué letra es esta? Y si no contestábamos bien y rápidamente, ♫toing♫, nos daba otro cocotazo". Era la filosofía educativa de "la letra con sangre entra".

Así aprendí a leer y escribir las vocales. Como no sabía las consonantes, escribía las vocales en mis juegos con Eda. Escribía en las paredes como si fuera una pizarra recién descubierta. Recuerdo que lo primero que escribí en mi vida fue el nombre completo de mi hermanita Eda (Iris Delia León

Hernández). Escribí "iieia eo eae". Debajo escribí mi nombre Pablo Antonio León Hernández "ao aoio eo eae". Y ya soñaba con un día escribir un libro como los que mami atesoraba. Mami tenía tres libros escondidos. Los sacaba a la luz cada vez que estábamos solos. Me leía poemas que yo trataba de aprender de memoria. Aprendí muchos y se los declamaba. Los libros los había ganado mi padre en una jugada de topos y se los regalo a ella cuando eran novios. Recuerdo que era uno de Julia de Burgos, uno de José Ángel Buesa y uno de Luis Llorens Torres.

Me gustaban tanto las decimas de Llorens que aprendí muchas de memoria y le dije a mi madre que me gustaría llegar a ser un poeta como el. Al tratar de escribir sus decimas me di cuenta de que habían otras letras que yo no estaba usando y que quizás escribir solamente las vocales era un tremendo disparate. Asi que me dispuse a aprender las otras letras y combinarlas para ser un escritor de verdad.

Al otro día mi madre se enojó terriblemente porque no encontraba sus libros y creía que yo los había tomado. Todo me apuntaba con el dedo acusador de las circunstancias. Casi me quito la ropa y abro mi boca para mostrar que no los tenía. Yo solamente era responsable por subrayar las partes que más me gustaban y escribirle mensajes en las páginas con oraciones de vocales.

El día anterior se habían reunido varias mujeres de la comunidad para discutir sus asuntos de cómo evitar los hijos y como abortarlos. Recuerdo que ella terminó la reunión diciendo "yo no los evitaré y pariré todos los que pueda." También se habían reunido unos cuantos nacionalista para que se yo que cosa de Don Pedro el Maestro."

Después de dudar de algunos posibles ladrones de libros de poesía, los libros aparecieron en el fondo del barril de ropa sucia. Parece que se habían colocado ahí la última vez que los habíamos usado y, sin querer, le habían tirado ropa sucia encima. Los tres libros estaban bien aunque un poco manchados por las huellas de mis deditos llenos de un aceite que yo usaba todos los sábados para brillar nuestros muebles de madera y pajilla. Todos quedamos contentos y yo, como un gran escritor que ya conocía las consonantes, escribí completamente el título del libro "Alturas de América"

El canto de las fiambreras

====================

Con tres latitas de salchichas y un pedazo de alambre pude fabricar unas fiambreras de juguete similares a las que usaba para llevarle almuerzo a mi padre cuando trabajaba en las piezas de caña.

Así jugaba con Eda en una casita de cartón y pedazos de madera que le había construido cumpliendo con todas sus especificaciones. La casita debería ser amplia, alta y que no se le viera algún rotito por donde entrara la luz del sol. Habíamos construidos nuestros juguetes reciclando latas, cajas y cualquier cosa que nos sirviera en la fantasía de fabricar utensilios.

Cada juguete reproducía la realidad que vivíamos en la comunidad, la agricultura, la cocina, los deportes y las armas violentas que nos enseñaban al ver a los soldados gringos.

Me gustaba jugar con juguetes reales comprados o construidos para vivir la vida diaria de la familia. Jugábamos con la carretilla para buscar agua en la pluma pública que había construido Tito y que usábamos diariamente como ritual de una religión necesaria. Llenábamos un barril de agua para el uso del día y lo lavamanos los sábados hasta que su interior quedaba sumamente limpio.

Pero lo que más me gustaba era usar la carretilla para llevar los almuerzos a los trabajadores de la caña.

Eran varias fiambreras para nuestro padre y sus compañeros de trabajo. Tito era el dirigente del juego por ser el mayor, yo seguía sus instrucciones y si algo salía mal o me pescaban en una travesura, toda la responsabilidad caía en mi querido hermanito.

Así aprendimos a identificar a todos los trabajos de la caña: los paleros de riego, los sembradores, los cortadores, los paqueteros, los regadores de abono, los fumigadores de químicos...

Al medio día se paralizaba el trabajo para ingerir los alimentos que nosotros les llevábamos. Nos sentíamos en ese momento ser las herramientas más importantes del proceso agrícola.

Cuando terminaba la hora de alimentación lavábamos las fiambreras en las aguas del canal de riego y regresábamos a nuestra casa con la felicidad del deber cumplido.

Las fiambreras venían sonando con el brincoteo de la carretilla por culpa de los hoyos y las piedras del camino. Nosotros regresábamos cantando al ritmo del canto de las fiambreras.

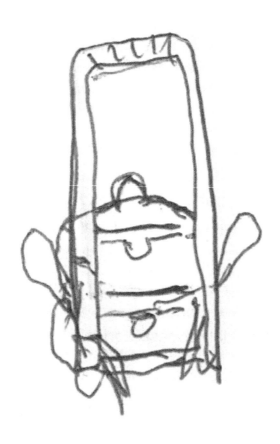

Mi guitarra de sardinas.

===================

Una lata ovalada de sardinas, rescatada de la basura, se convirtió en mi guitarra. Por la parte de atrás tenía unos diseños acanalados que, al ser frotados con una charpa, sonaba como latón viejo. Para mi fantasía infantil eran sonidos hermosos de mi primera guitarra. "Esa guitarra no tiene cuerdas", me decía mi padre riéndose de mi concierto destemplado. Así me dispuse a construir mi guitara con cuerdas usando mi lata de sardinas como cuerpo inicial.

Rescaté alambre y cordones y una vieja tabla que mi madre usaba para lavar ropa. Con un mocho viejo le fui dando forma ovalada con mango para presentársela a la lata de sardinas. Después de muchos intentos, rabietas y desilusiones, ya todo estaba listo para ponerle las cuerdas. Cuando terminé mi proyecto tenía una guitarra bizcorioca, pero era mi hermosa guitarra con la que di muchos conciertos y recibí muchos aplausos de mi público, cómplices de fantasías musicales.

Hicimos un coro de hermanos y vecinos y cantábamos los juegos de ronda acompañados de mi guitarra. ♫ Doña Ana no está aquí que está en

su vergel, abriendo la rosa y cerrando el clavel ♫
♫Ambos a dos matarile lile lire ♫ ambos a dos
~~matarile lileròn ♫~~

♫Arroz con leche se quiere casar con una viudita
de la capital ♫

Hacíamos teatro con nuestros juegos de ronda.
Una fila infantil agarrados por la cintura, sujetados a
un troco de árbol por el primero de la fila, servía de
escenografía clásica.

---"Que le mande una cebollita a mamé"

---¿La que le mandé anoche?

---Se la comieron los ratones.

---¿Qué hacia?

---Tejiendo (o cualquier otra ocupación)

---¿Cómo tejía?

El actor hacia la pantomima de la ocupación y, si lo
hacía bien, lo premiaban dándole la oportunidad de
halar la fila para ver por donde la podía romper y
quedarse con los cantores en ganancia.

Todo comenzaba y terminaba en música, cantada y
bailada y mi guitarra era la protagonista de la fiesta.

♫ La cortinas de mi alcoba son de terciopelo azul y entre cortina y cortina se paseaba un andaluz...♫

Fueron tantas las veces que usé mi guitarra de sardinas que se rompió por el uso. Me resigné a su perdida y le pedí a los Reyes Magos que me trajeran una guitarra de verdad. Pero esto será parte de otro cuento.

Tocando el infinito

===============

Desde pequeño me hice preguntas incontestables. Cuando me acostaba en la grama para mirar el cielo me preguntaba ¿Qué habrá más allá del cielo? Pensaba... debería haber otro cielo. Y después de ese cielo ¿habrá otro cielo? ¿Y después del último cielo? Así fui imaginándome muchos cielos encadenados hasta imaginarme un infinito de cielos. Me gustaba mucho hacer este ejercicio porque sentía que así, en fracciones de segundos, en un transe humano de lógica inconcebible, podía disfrutar de un mundo insondable, casi a punto de tocar en las puertas de la casa de Dios.

De igual manera disfrutaba pensar en los días. ¿Cómo será el día después de mañana? Y después, después, después de mañana? ¿Cómo será el ultimo día... y un día después del último día? ¿Acaso será que un día después del último día será lo mismo que un día antes del último ayer?

También me enredaba en el pensamiento de cómo y porqué funcionan las cosas en la naturaleza. Jugaba con las hormigas y me maravillaba de que tuvieran vida con un cuerpito tan pequeño.

Observaba las flores, las frutas, los pájaros, las mariposas, las semillas, los brotes y todo me parecía un conjunto de milagros manejados muy hábilmente por unas magias secretas que algún día entendería.

Mientras mis hermanitos jugaban pelota en nuestro patio yo me pasaba la mayor parte del tiempo haciéndole preguntas a mi madre y taladrando mi espíritu con conjeturas hasta hoy no refutadas.

Para mí la naturaleza era como un inmenso libro con palabras de verdades que me hablaba de la grandeza infinita, del poder amoroso y la justificación de todas las cosas.

Mi padre tenía un amigo, compañero de trabajo en el cañaveral, que le decíamos Guayama, que siempre que llegaba borracho, desde lejos nos gritaba mientras se acercaba: "Tito, Toño... estudien" "Tito, Toño... estudien", "Tito, Toño... estudien". Era un hermoso mantra que brotaba de su conciencia inconsciente como si la Gran Naturaleza le estuviera dictando unas ordenes incomprendidas.

Para mí era como un consejo, como una orden, como un reto que venía pavimentando el camino por donde luego caminarían nuestros hijos.

Nubes de algodón

==================

Muchas veces me acosté en la grama para mirar las nubes y me quedaba quieto hasta que las mariposas llegaban donde mi. En algunas ocasiones mi madre se acostaba a mi lado para compartir es espectáculo. Me decía que las nubes eran de vapor de agua y que Dios las esculpía con sus manos para formar figuras de animales y de ángeles. En los días más nublados yo sentía que Dios me estaba retando con las nubes caprichosas para buscar las figuras intrincadas como un rompecabezas celestial.

Una noche soñé que había tantas nubes blancas que no cabían en el cielo y se fueron bajando tanto que las podía tocar. Al tocarlas me di cuenta de que las nubes eran de algodón y no de vapor de agua como me había dicho mi madre. Pude tomar varios pedazos de algodón celestial para hacer hilo de tal manera que pudiera tejerle una mantilla a mi madre. Cuando desperté sufrí una gran desilusión al darme cuenta de que había sido solamente un hermoso sueño.

Ya de día pude descubrir que había muchos árboles de algodón silvestre que tenían sus frutos y parecían pedazos de nubes atrapados por sus ramas. Coseché varias motas de algodón y pude hacer un hilo largo que enrollé en una palito y le pedí a mi madre que me enseñara a hacer telas y a tejer como lo hacia mi abuela.

Ella me decía que nuestros antepasados, desde los tainos, usaban el algodón, que Dios nos había regalado como pedazos de nubes, para hilar, tejer y telar. Luego vinieron los gringos con sus industrias de necesidades inducidas y todo se fue perdiendo para quedar dependientes de los poderosos.

Aprendí a hacer cadenetas y puntadas y a entramar algunos hilos para hacer algunas telas de juguetes con las que podía jugar con Eda.

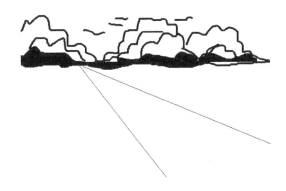

El panadero

==========

Nunca me pude enterar de porqué le llamaban Don Mayagüez de sobrenombre. Era el panadero del barrio, por lo menos lo distribuía pregonando una canción muy hermosa. "♫ El pan caliente a catorce la libra, media libra a siete ♫... ♫ y si no es caliente no lo pague ♫". El pan siempre estaba caliente porque lo llevaba en un carretón forrado con planchas de latón, pintado de negro. El sol le daba y lo mantenía como acabado de hornear. Era el primer horno solar que yo había conocido a mis ocho añitos. Eso me dio la idea para inventar mi hornito solar con una lata mohosa de galletas donde preparaba mis bizcochitos de barro para jugar con mi hermanita, Eda.

Una tarde Don Mayagüez vino con una novedad en su carretón. Le había instalado una yegua que halaba su carro en lugar de empujarlo como lo había hecho antes. El no montaba en la yegua, sino que permanecía en la parte de atrás del carretón caminando a pie y dándole ordenes con sus canciones.

En esa ocasión me inventé una plenita (canción boricua) que la cantaba en los juegos con mis amiguitos. "♫ Que sanano es Don Mayagüez, que compra yegua y sigue a pie ♫". Parece que la canción gustaba mucho porque un día la escuché cantar a unos borrachos que jugaban billar en la tienda de Don José Reyes.

Su negocio iba creciendo y aunque el no hacia el pan, lo distribuía como intermediario entre el productor y el consumidor añadiéndole una valor artificial y arbitrario.

Siempre admiré la labor del panadero que nos traía el pan caliente en todos los días soleados. Pero un día mi padre no tenía esos centavos necesarios para comprar el pan y no me llevó al interesante ritual de compartir con Don Mayagüez. Don Mayagüez notó su ausencia y entendió que no tenía dinero y llegó hasta mi casa ofreciéndole el pan para ser pagado al otro día o cuando reuniera los centavos necesarios.

Tendría que pagar un poco más que los otros compradores para pagar por el riesgo de la confianza. Aunque todos lo veían como un robo normal, de uso corriente y un mal necesario para los que no tenían dinero, mi padre no quiso caer en la trampa para no quedar enredado en la opresión de las deudas usureras.

Buscando alguna alternativa que no lo obligara a depender de los centavos gringos, le ofreció un mazo de lechugas de los que tenía en su huerto.

Don Mayagüez, después de pensarlo un largo rato, considerando que después de todo el necesitaba lechugas, aceptó el intercambio. Poco tiempo después los vecinos estaban intercambiando pan por sus productos y estaban intercambiando sus productos entre sí.

Todos se fueron contagiando con la costumbre de sembrar y había diversos huertos en cada parcela. Los niños jugábamos a sembrar y cada uno tenía su hilera que le daba mantenimiento diario con el desyerbo, el regadío y el abono natural.

Siempre pensé que esa era la manera más sabia y saludable de establecer un sistema de ayuda mutua donde cada cual podría tener lo necesario sin depender de los usureros manejadores de dinero.

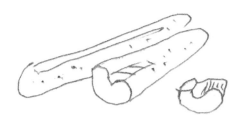

Jugando pelota

===============

Nuestro patio era grande y limpio de vidrios y espinas. Los niños del vecindario llegaban desde temprano a jugar pelota. Tito tenía fama de hacer las mejores bolas de trapo del barrio. También hacia guantes y trochas con bolsas de arroz. Yo tallaba los bates y marcaba las bases. Cuando éramos pocos jugábamos de dos bases y cuando éramos muchos jugábamos de cuatro bases. Establecíamos dos equipos de jugadores. Al principio los niños más grandes, fuertes o bravucones escogían a los mejores jugadores y decidían a que equipo le tocaba batear primero.

El parque era nuestro y nuestros eran las bolas, los bates y los guantes. Así que nos impusimos como propietarios de los medios de producción y terminamos decidiendo quien jugaba con qué equipo y quién bateaba primero. Por algún tiempo todo funcionó así hasta que poco a poco los niños dejaron de asistir a los juegos porque se estaban cansando de que otros decidieran por ellos.

Decidimos entonces implementar un mecanismo más participativo y usar el azar como mediador de los conflictos. El dirigente del equipo ganador anterior seleccionaba al azar a otro dirigente. Decía: "Vamos a montar." Le tiraba el bate y este lo atrapaba con una mano procurando sujetarlo por el medio (un poco más abajo o un poco más arriba). Colocaba las manos alternadamente desde la mano del nuevo dirigente hacia arriba. Una mano yo, una mano tu, una mano yo, una mano tu... hasta llegar a la cornisa del bate. Quien terminara en la cornisa del bate sin pasarse tenía derecho a escoger un jugador. Así alternadamente cada dirigente escogía sus jugadores y quien comenzaba a escoger tenía derecho a batear primero.

Cada dirigente tenía derecho a asignar los puestos de sus jugadores: lanzador, cátcher, primera, segunda, tercera base, campo corto y los tres files. Los que no eran escogidos se quedaban como público y posibles suplentes cuando fuera necesario.

Yo siempre soñaba con ser seleccionado en primera instancia y que me asignaran el puesto de lanzador. En mis turnos al bate quería que me lanzaran una bola cariñosa para batearla por encima de la cerca, empujar muchas carreras para ser el blanco esponjado de muchos aplausos. Nunca fui un buen jugador de pelota como Tito. Por eso me seleccionaban poco y cuando me tocaba batear me sacaban el último con un bateador emergente porque casi seguro me poncharía.

Como casi siempre estaba de público me inventé un juego de mesa con un tablero, tres charpas, de cerveza y tres charpas de refresco donde había que usar la estrategia mental y me hice campeón indiscutible de ese juego sin nombre que me brindó muchas satisfacciones.

Cuando terminaba el juego de pelota me encargaba de recoger los bates, guantes y las bolas como si fueran un tesoro que había acumulado mucho valor en el campo de juego en el oro sagrado de de las fantasías infantiles.

Pescadores de jueyes

===================

Mi hermanito Tito era mi héroe. A su corta edad, un poco más de ocho añitos, ya sabía construir trampas para atrapar jueyes. En todo nuestro mundo, desde nuestra casa en el sector Singapur del Barrio Capitanejo de Juana Díaz, pasando por los pastos, las piezas de caña y la marisma, había una gran cantidad de jueyes en sus cuevas profundas. A veces salían y corrían libremente por su hábitat sagrado y cuando intentábamos atraparlos se escapaban amenazándonos con sus bocas como si fueran espadas de gladiador de cuentos y se metían en sus cuevas. Tito sabia como agarrarlos sin ser mordido y trataba de enseñarme cada vez que podía.

Construimos tres trampas, una con una lata de galletas, una con una lata de aceite y otra con pedazos de madera. Todas llevaban su tapa, su fulcro y su muñeco con un mecanismo genial. En el muñeco se le ponía la carnada que consistía en un pedacito de caña dulce o maíz siempre embarrado con un poquito de melao (sirope negro de jugo de caña). El muñeco estaba sujetado a la trampa y un palito largo quedaba colocado en este de tal manera que si se movía se soltaría el palito. El palito estaba unido balanceado en un fulcro con la tapa de la entrada de la trampa. Si el palito se soltaba del muñeco, la tapa caía por su peso con un gran estruendo cerrando la entrada de la trampa.

Cuando el juey entraba en la trampa decía: "melaito, el alimento que más me gusta…" y al tocar el alimento, se movía el muñeco, que soltaba el palito, que dejaba caer la tapa, que cerraba la trampa y "fuákity", el juey quedaba atrapado.

Llegar a las cuevas y poner las trampas era una gran aventura de la infancia. Primero teníamos que procurar no ser visto por otros niños porque había en la comunidad algunos niños con malas costumbres, que acostumbraban despescar las trampas y robar los jueyes. Había uno apodado "El gato" que era experto despescador de trampas.

Cuando los coquíes comenzaron a cantar, salimos con nuestras trampas bien equipadas. Estaba casi oscuro. Los cucubanos bailaban con sus luces misteriosas y una orquesta nacional boricua de coquíes, grillos, chicharras y duendes iban describiendo nuestra historia de emociones contenidas.

Al caminar frotábamos nuestros cuerpecitos con la yerba que a veces nos cortaban la piel o nos daban graciosos premios de cadillos secos. Nuestros pies descalzos recogían el fango de la vereda y a veces eran agredidos por espinas y piedras filosas. Nos mojábamos en sudores deliciosos que dejábamos pegados en las malezas.

Montamos las trampas. Estábamos seguros de que las cuevas tenían jueyes porque se podían ver las pisaditas y en la entrada aun había fango fresco. Partimos de regreso con la esperanza de volver en la mañana para recoger el producto de nuestro esfuerzo. Caminábamos rápidamente tomados de las manitas para protegernos mutuamente de los fantasmas de la noche que ya se acercaba.

Esa noche le rezamos fuertemente a nuestros ángeles de la guarda para que nos ayudara en la empresa. Casi no podíamos dormir por la ansiedad de cazadores certificados por la vida. El sueño nos venció y el gallo de la madrugada nos despertó con sus cantares de patria.

Mami no nos dejó salir sin tomar café prieto y salimos con entusiasmo a recoger nuestros jueyes. Todavía estaba muy oscuro y la orquesta de coquíes no había interpretado sus últimos acordes.

El rocío de la mañana nos mojaba la ropita multiplicando el frío de la madrugada. Caminábamos silbando una canción infantil para opacar el sonido emocionante de nuestros corazones.

Cuando llegamos hubo un gran silencio. Nos paralizamos como estatuas de un juego desgraciado. Las trampas no estaban en su lugar, estaban mal tiradas en una zanja de riego sin jueyes y sin carnada. Todo fue una ensalada de lágrimas y lamentos. Yo dije: "El Gato" y Tito me dijo: "No acusemos sin saber, pudo haber sido otra persona o una vaca o un caballo o un espantapájaros viviente".

Cuando regresábamos con un coro de llantos reprimidos, vimos un gran juey azul de bocas gigantes corriendo por la zanja. Tito corrió tras el y lo atrapó con su habilidad de héroe jueyero.

Llegamos a la casa con las trampas vacías y con un enorme juey que dio para trece empanadillas.

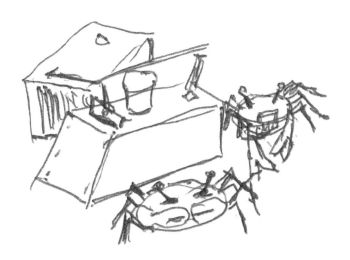

Rascanas y cocolías.

==================

No sé por qué siempre que íbamos a pescar, Tito atrapaba buenos pescados y yo solamente atrapaba cocolías y rascanas. El usaba un cordel largo enrollado en un viejo pote de salsa, yo usaba un cordel corto con una vara de caña bambúa. Cocolías son cangrejos marinos aplastados, rascanas son peces espinosos y venenosos muy peligrosos para los pescadores (pez piedra). Fabricábamos anzuelos calentando y doblando alfileres. Atrapábamos peces pequeños en la zanja del canal de riego para usarlos como carnada, en resumen que teníamos que pescar dos veces.

Aunque era tiempo de invernazo, donde la mayoría de los trabajadores de la caña se quedan desempleados hasta que llegara la zafra con el corte, manejo y procesamiento de la caña, nuestro padre continuaba trabajando como palero de riego. Íbamos solos a pescar.

Esa mañana unos pescadores estaban tirando chinchorro. Era una inmensa red tejida de cabuya que se tiraba como un gran naso y recorría un buen pedazo de mar. Un pescador iba en una yola soltando el chinchorro meticulosamente. El chinchorro tenia plomos en la parte de abajo para que la red se hundiera y boyas de cayul en la parte de arriba para mantenerla a flote. Tenía un buche en el centro de tejido más fino para atrapar peces pequeños. Las puntas de la red estaban separadas por un largo trecho de la playa.

Los pescadores comenzaban a halar el chinchorro poco a poco acercando las puntas y haciendo cada vez más pequeña la parcela de mar donde quedaban atrapados los peces. Nosotros ayudábamos a halar el chinchorro como si fuéramos pescadores experimentados, pero cuando los pescadores hacían fuerza halando, nosotros quedábamos guindando en el aire sujetados a los cables del chinchorro.

Se me ocurrió tirar mi anzuelo en el área encerrada por el chinchorro y rápido me picó una hermosa barbúa grande y juguetona. Fue muy emocionante sentir ese pescado en la punta de mi cordel. Todos lo celebramos como la victoria de un campeón.

En la gran pesca del chinchorro había caído una gran variedad de peces grandes y pequeños. Los pescadores nos dieron varios peces pequeños

Regresamos a la casa felices y nuestra madre nos esperaba ansiosa.

Tiocolín

==========

Cuando nuestra madre nos bañaba y nos vestía, nosotros, Eda y yo, nos tomábamos de la mano y caminábamos alrededor de la parcela como un paseo romántico. Parecería que estábamos dándole la vuelta a la cuadra o a la comunidad o al mundo. Era como una inmensa pasarela donde caminábamos para mostrarle a los ángeles nuestra ropita recién planchada. Era como un hermoso ritual de hermanitos sonriéndole a la vida en augurio de felicidades insondables.

Luego jugábamos a la comidita en una casita imaginaria formada por unos cuantos cartones, atendíamos sus muñecas con pulcritud de cuentos infantiles y pasábamos largo rato repitiendo juegos teatrales donde ella inventaba los parlamentos, bloqueaba los movimientos, reía los puntos culminantes hasta que cerraba el telón de los misterios para inventar más juegos.

En la práctica de los juegos habíamos hecho un pacto sagrado para siempre estar juntos compartiendo la vida como en espiral de sueños.

En esa época los gringos habían contaminado nuestro pueblo con virus de tuberculosis y tosferina y mi hermanita se enfermo con una tos incontenible. La llevaron al médico no me acuerdo por cuánto tiempo y me quedé solo en el vacio de la existencia sin manos que tomar, sonrisas que mirar, risas que escuchar y magia que saborear.

Cuando ella regresó creíamos que estaba sanada, pero siguió tosiendo como una ametralladora descompuesta. Se quedaba sin respiración y cambiaba de colores su cara hasta quedar morada como las uvas. No sé quien le dio un remedio casero a nuestra madre para curar la tosferina y ella me envió al pasto para buscar flores de maya. Me espiné ferozmente tratando de llegar a las flores y pude conseguir algunas. Nuestra madre curandera preparo un cocido de flores de maya con miel. Como resultado sacó un líquido de color rojo intenso que nos lo dio a tomar a cada uno de los hermanos.

Esa tarde di mi paseo solitario alrededor de la parcela. No era lo mismo. Mi hermanita no estaba y yo tenía un terrible miedo de que no volviera a caminar conmigo. Nadie se dio cuenta de mis lágrimas y llantos porque fingí calmarme cuando termine mi recorrido.

Al otro día todo había mejorado y la enfermedad iba cediendo. La terrible tos había tomado frecuencias más soportables hasta que desapareció por completo.

A ese medicamento casero le llamamos "tiocolín de mami" para contraponerlo a una medicina llamada Tiocolín que los médicos le recetaban a todos los enfermos para curar todas las enfermedades.

Gracias a ese tiocolín de mami, Eda y yo volvimos a dar nuestros paseos románticos alrededor de la parcela.

Jugando trompos.

================

Lloré mucho cuando le hicieron una guácara a mi trompo. Mi trompo era una churumbita roja muy sedita. Zumbaba bonito como si fuera un sonido de flauta. Se dejaba manejar entre mis manos cuando lograba subirlo a mi mano derecha con el toque de mi dedo índice. Hacia piruetas con mi cabuya y me gustaba como bailaba cuando lo tiraba en zarabanda. Siempre lo mantenía limpio y brillante y no tenia rayasos ni manchas.

Me arrepentí de haberlo plantado en la marca redonda que hizo El Negro en la tierra con un clavo mohoso para que Tito, Poto y yo colocáramos nuestros trompos para que el les tirara con su batata azul. Si el lograba sacar algún trompo de aquel circulo mal dibujado, quedaría como de su propiedad.

Ya él había plantado el suyo y se había arriesgado a perder su trompo azul con la amenaza de mi churumba y el trompo trotón amarillo de Tito y el trompo verde despintado de Poto. Todos los trompos tenían las marcas de las batallas anteriores. Estaban llenos de guácaras y lascas, pero el mío era un trompo poético que solo había bailado en las mejores pasarelas.

El Negro encabuyó su batata azul. Era un trompo grande y ordinario como un zapo redondo con una púa muy afilada, zalancú y descalibrado. El Negro lo manejaba muy bien. Tanto que había llorado para que Tito le enseñara a encabuyarlo y ahora era todo un experto trompero.

Yo tenía la esperanza de que fallara. Yo no podía tener tan mala suerte de que entre tantos trompos, la punta del trompo en juego fuera a caer exactamente en el mío. No fue así. Todos los trompos brincaron al contacto con la batata azul y el mío sufrió la peor parte. Le habían hecho una guácara.

Todos se compadecieron de mi tristeza y querían remediar la situación, pero ya no había vuelta atrás. Le pidieron a nuestra madre que me comprara un nuevo trompo de los mismos, pero ella no aceptó. Al otro día me había resignado a mi trompo con guácara y todos habían dejado los trompos guardados para jugar con la bolitas de corote.

Los zancos

=========

"Papi hazme unos zancos", le pedí a mi padre sin muchas esperanzas de que me complaciera. El día anterior había visto a una persona mantada en zancos caminando por la calle. Y me pareció muy curioso eso de caminar más alto que los demás por medio de dos piernas artificiales formadas por dos palos largos. "Hazlos tu", me dijo como retándome con una sonrisa muy punzante.

Ese reto me diseñó una meta a corto plazo. No sabía cómo, ni tenía con qué, construir unos zancos como los que había visto y como los había mejorado con mi imaginación. Me dispuse a buscar la manera y en poco tiempo ya tenía dos palos largos, algunos tocones, unos clavos mohosos doblados y una piedra casi redonda para usarla como martillo de carpintero.

Después de muchas rabietas y machucones en los dedos, pude armar mis zancos con la aprobación de mi padre y la admiración de mis hermanos. Me sentía como un héroe de la construcción que había logrado realizar su proyecto.

El problema fue cuando intenté montarme en los zancos y mantenerme en ellos. Mis hermanos me ayudaron a subir varias veces y a levantarme del suelo cada vez que me caía. Había construido unos zancos con mis propias manos, pero no sabía cómo montarme en ellos para caminar. Mis hermanos me dijeron; "tu no sirves para eso…" y se rieron de mi con carcajadas burlonas, hirientes y ácidas.

Me propuse aprender, dominar el truco, pulir la técnica. Me dije en secreto: "si logro esto, podré lograr todo lo que me proponga en la vida". Lo intenté muchas veces y muchas veces me desanimé por mi fracaso.

Ya estaba oscureciendo cuando lo logré. Pude caminar varios pasos a la vista maravillada de mis hermanos, me caí y volví a montarme. Una felicidad indecible inundó todo mi ser y una sonrisa de victoria pintó mi aura de luchador incansable. Me quede con la ansiedad de continuar cuando nuestra madre nos ordenó subir a la casa para dormir. Me pasé la noche desvelado, llamando la madrugada para que se diera prisa en llegar. Es una hermosa aventura del espíritu estar consciente de que has aprendido algo nuevo que marca tu vida para siempre.

Al otro día caminé en mis zancos haciendo alarde de mis destrezas y teoricé sobre la técnica zancústica. Di lecciones teóricas y prácticas sobre el arte de andar en zancos y pocos días después todos estábamos caminando en nuestros zancos recién fabricados por el niño más orgulloso del mundo.

Horas de tristeza.

===============

Cuando mami tenía dolor de cabeza yo colocaba mis pequeñas manitas en su frente y al rato me decía que ya no le dolía. Me dijo: "tú tienes manos sanadoras." Cuando ya estaba muy enferma tenía dolores en su cabeza y en todo su cuerpo y me llamaba para que yo le sujetara la cabeza con mis manitas. Ella lloraba y pagaba mi terapia de manos y energía con abrazos y besos.

Me enseñó a rezar, orar y meditar con una hermosa actitud de amor al prójimo, de solidaridad y compromiso con los desposeídos. Me coloco las manitas juntas para sentir como toda la energía del universo se centraba en mi. Después de tantas lecciones me preguntó: "¿que te gustaría ser cuando seas grande?". Se rió a carcajadas cuando le conteste: "quiero llegar a ser santo y si no puedo seré genio y si no puedo seré maestro, agricultor, pintor, poeta escritor... y continué enumerándole los oficios que me había enseñado.

La recuerdo con su sonrisa, su ternura y su compromiso con el trabajo y la recuerdo con sus regaños, rabietas y castigos porque era muy intransigente con los deberes y a veces nos trataba como si fuéramos adultos.

Estaba muy delgada en esos últimos días. Se bañaba en su habitación oscura con una ponchera de agua tibia. Yo la ayudaba y la secaba con mucho amor y tristeza. Veía que cada vez se consumía en una enfermedad que yo no conocía. Yo tenía una genuina esperanza de que algún día comenzaría a mejorar hasta quedar totalmente restaurada para volver a ser la madre alegre y maravillosa que había sido antes de enfermarse. Se la llevaron al hospital por última vez. Todos se quedaron en un silencio cómplice y malsano. Me quedé esperando que regresara. Sospechaba que quizás en ese hospital no vivían niñitos con manos sanadoras que la fortalecieran.

Sentí un picor intenso en mi boca cuando me dijeron que había muerto. Parecía que me había masticado una docena de ajíes bravos y como si toda una orquesta de coquíes misterioso se hubieran acumulado en mi cabeza para interpretar la marcha fúnebre más horrible.

"Los hombres no lloran", me dije mientras mordía mis labios y cerraba los ojos con fuerza para que no se salieran mis lágrimas. Traté de consolar y confortar a mis hermanos con una actitud teatral de calma y resignación.

Al otro día del sepelio la comunidad nos puso la etiqueta de huérfanos. Nos miraban con lástima y nos auguraban un futuro desgraciado resbalando hacia abajo en una espiral de miasmas infinitas.

Todos mis hermanos se mudaron a Villalba para ser criados por nuestra abuela paterna y yo me quedé en la comunidad de manera realenga comiendo un día aquí, otro día más allá y durmiendo donde me atrapara la noche. Muchas veces dormí en la playa bajo las estrellas. Como no tenia supervisión, me viví esos momento críticos de mi vida en la playa jugando en la arena, en los botes de los pescadores, debajo de las estrellas, burlando los marullos salados de la mar y pescando peces mágicos que me hablaban de sirenas encantadas y de amores sublimes.

No perdí mi año de escuela como ocurrió con mis hermanos y al pasar al octavo grado me mudaron a Villalba para encontrarme con ellos nuevamente.

SOBRE EL AUTOR

Pablo León Hernández nace el día 8 de julio de 1947 en el Barrio Capitanejo de Juana Díaz. Es hijo de don Domingo León Morales (Q.E.P.D.)y doña Rosa María Hernández (Q.E.P.D.). Es el segundo de nueve hermanos.

Hace sus estudios elementales en la S.U. Pastillo de Juana Díaz y sus estudios secundarios en la Escuela Pelipe Colón Díaz de Juana Díaz, en la Escuela Intermedia Urbana y en la Escuela Francisco Zayas Santana de Villalba. Cursa estudios universitarios en la Universidad de Puerto Rico, Recinto de Río Piedras donde obtiene un grado de bachillerato en artes, música, estudios hispánicos y educación.

Precursor y firme defensor de la educación autogestionada a nivel graduado, diseña y desarrolla un currículo dirigido a lograr una preparación académica independiente de las instituciones educativas tradicionales. De esta manera, adquiere un grado equivalente a Maestría en Tecnología Educativa el 5 de julio de 1992. Escribió su Tesis Doctoral sobre la Acreditación de la Educación Autogestionada.

Se jubiló como maestro de música del Departamento de Educación y continúa fomento la educación gratuita independiente. Ofrece talleres a comunidades, grupos e individuos de Agricultora Urbana en distintos municipios para fomentar la autogestión del país. De esta forma, ha mantenido su dedicación hacia la lucha cívica, cultural, política y sindical. Su tiempo ha sido bien empleado en el cultivo de las artes y su desarrollo como pintor, músico, escritor, poeta, cuentista, novelista, creador de distintos programas de computadoras y su alto conocimiento en la agricultura. No hay barreras en todos los campos del conocimiento que no quiera pasar puesto que su mayor satisfacción es el poder adquirir aprender más cada día.

Está casado con la Sra. Alicia Zayas Rodríguez, quien fuera orientadora escolar, y con quien procreó tres hijos: Marialicia, Rosa Iris y Pablo Antonio.

De entre sus escritos se destacan las novelas *Galería de Frivolini* y *La Guasabara de Ke-muanté*. Sus poemarios publicados *Acopio*, *Muakity*, *Buscando un Amor Sublime, unjummm!*, *Tantamue y otros cuentos sagrados*, *Coartada del Silencio*, *Emergiendo*.

Made in the USA
Middletown, DE
04 December 2022

16979281R00056